Patricia Aguilar Talamante

A utilização da inteligência artificial no trabalho académico

Patricia Aguilar Talamante

A utilização da inteligência artificial no trabalho académico

Imprint

Any brand names and product names mentioned in this book are subject to trademark, brand or patent protection and are trademarks or registered trademarks of their respective holders. The use of brand names, product names, common names, trade names, product descriptions etc. even without a particular marking in this work is in no way to be construed to mean that such names may be regarded as unrestricted in respect of trademark and brand protection legislation and could thus be used by anyone.

Cover image: www.ingimage.com

This book is a translation from the original published under ISBN 978-613-9-40369-1.

Publisher:
Sciencia Scripts
is a trademark of
Dodo Books Indian Ocean Ltd. and OmniScriptum S.R.L publishing group

120 High Road, East Finchley, London, N2 9ED, United Kingdom
Str. Armeneasca 28/1, office 1, Chisinau MD-2012, Republic of Moldova, Europe
Printed at: see last page
ISBN: 978-620-7-63731-7

A utilização da inteligência artificial no trabalho académico.

Índice

Introdução

A crescente influência da inteligência artificial (IA) tem permeado diferentes áreas do conhecimento e da sociedade, levando a um interesse crescente na sua aplicação, caracterizado pela rápida adoção de ferramentas e sistemas baseados em IA, e a Contabilidade Pública não é exceção, a utilidade desta ferramenta tem tido um impacto significativo no ensino superior, Oferecendo soluções inovadoras para melhorar a eficiência e a eficácia dos processos e métodos de ensino-aprendizagem, desde sistemas de tutoria virtual a plataformas de avaliação automatizadas, a IA está a transformar a experiência educativa não só ao proporcionar novas formas de personalização, feedback e acesso a recursos educativos, mas também as práticas académicas dos estudantes universitários. Neste contexto, é crucial explorar as percepções e atitudes dos estudantes em relação à utilização da inteligência artificial como ferramenta no seu trabalho académico. A interação entre a IA e a educação levanta questões relevantes sobre ética, autonomia intelectual, originalidade do trabalho realizado, qualidade da informação utilizada pela IA e da própria aprendizagem. Este estudo situa-se num momento de transição educativa, em que a convergência entre a tecnologia e a educação está a redefinir os paradigmas do ensino e da aprendizagem, onde procuramos analisar a opinião sobre as experiências dos estudantes universitários em relação à utilização da inteligência artificial nas suas actividades académicas, para melhor compreender os desafios e as oportunidades que este fenómeno apresenta no campo educativo.

Enquadramento teórico

A inteligência artificial refere-se à capacidade de as máquinas imitarem o comportamento humano e realizarem tarefas que normalmente exigiriam a inteligência humana. Os avanços na capacidade de processamento, a aprendizagem automática e a disponibilidade de grandes conjuntos de dados impulsionaram o desenvolvimento da IA em vários sectores (Elizabeth, 2024).

A inteligência artificial é um domínio em constante evolução e está a ser utilizada numa variedade de aplicações, desde o reconhecimento da fala e da visão até aos cuidados de saúde e à logística (Górriz et al., 2020). A IA está atualmente a ser investigada e desenvolvida para melhorar a eficiência e a precisão numa variedade de domínios, como a educação, as finanças, a criação de trabalhos académicos e de investigação, mas é atualmente indistinguível do trabalho feito por humanos, nem na revisão humana nem nas plataformas anti-plágio, e à medida que a sua utilização se expande, surgem também preocupações éticas e legais, como a privacidade, a segurança e o impacto no emprego (Maldonado, 2023).

Neste sentido, Abou-Foul et al. (2023), referem que esta nova tecnologia está a ter um grande impacto no trabalho académico e de investigação, ajudando na recolha de dados, o que permite aos investigadores passar mais tempo a interpretar e a analisar os dados. Chiu et al. (2023) também afirmam que a inteligência artificial está a ter um grande impacto no campo académico, uma vez que tem o potencial de melhorar o ensino, a investigação e a administração académica. No entanto, Adams et al. (2023), na sua investigação, indicam que existem preocupações quanto aos efeitos negativos da inteligência artificial no trabalho académico e na investigação.

Alguns argumentam que a inteligência artificial não pode substituir totalmente a capacidade humana de pensar criticamente e de ser criativo. Além disso, sugerem que a sua utilização pode encorajar o plágio e a falta de originalidade (Gendron et al., 2022), apesar destes debates, não há dúvida de que a inteligência artificial percorreu um longo caminho na redação de textos, como é o caso do ChatGPT (Zhang & Li, 2021).
É importante notar que os estudantes utilizam a inteligência artificial como uma ferramenta que pode limitar o seu desenvolvimento do pensamento crítico. Por vezes, utilizam a informação sem uma análise aprofundada, levando a conclusões precipitadas. Por isso, sublinha-se a importância do papel do professor para garantir uma utilização objetiva, responsável e ética desta tecnologia (González, 2023).

É essencial assegurar que tanto os professores como os alunos recebam formação e apoio para utilizarem a inteligência artificial de forma eficaz na educação. Para tal, é necessário proporcionar-lhes formação adequada para se familiarizarem com as várias ferramentas disponíveis e compreenderem como integrá-las eficazmente no processo de ensino e aprendizagem (VERA, 2023).

Inteligência artificial generativa no ensino universitário

Nos últimos anos, o desenvolvimento de técnicas de inteligência artificial generativa está a atingir um nível de maturidade impensável há uma década.

Estes avanços deram origem a ferramentas capazes de gerar imagens a partir de descrições em linguagem natural, efetuar transcrições e traduções automáticas em tempo real ou interagir com um assistente de conversação capaz de gerar documentos formais e técnicos.

Com base numa análise SWOT, este artigo contém uma série de reflexões sobre o ChatGPT, um chatbot que, em novembro de 2022, revolucionou o mundo da inteligência artificial generativa, resolvendo problemas matemáticos, gerando código fonte, criando histórias ou produzindo notícias e relatórios técnicos.

Que desafios coloca a irrupção de ferramentas como o ChatGPT no ensino universitário? Que oportunidades oferece para melhorar a qualidade do ensino? Estamos perante um ponto de viragem na educação tal como a conhecemos? (Luis Jiménez Linares, 2023).

Análise SWOT para a definição das actividades pedagógicas dos professores utilizando o ChatGPT

Fonte: ChatGPT: reflexões sobre a irrupção da inteligência artificial generativa no ensino universitário (Luis Jiménez Linares, 2023).

Pontos fortes

Apesar de termos aprofundado a tecnologia subjacente ao ChatGPT e de termos recebido feedback de vários utilizadores que salientaram as suas limitações, nem tudo são desvantagens na utilização desta ferramenta. Atualmente, a sua principal vantagem reside na sua acessibilidade e disponibilidade. O ChatGPT pode ser acedido a partir de qualquer navegador Web, o que o torna uma ferramenta leve para os utilizadores, que não precisam de instalar qualquer software nos seus dispositivos ou ter conhecimentos informáticos avançados para interagir com a ferramenta a partir de qualquer dispositivo. Além disso, está disponível 24 horas por dia, sete dias por semana e a sua utilização é gratuita (embora tenha sido recentemente lançada uma versão paga que oferece maior disponibilidade e tempo de resposta mais rápido). A única limitação na sua utilização está relacionada com a sobrecarga de pedidos na versão gratuita. Assim, é possível que, ao tentar aceder ao ChatGPT, não consiga interagir com ele, uma vez que está a ser utilizado por milhares de utilizadores. No entanto, a recente versão paga promete resolver estes problemas de disponibilidade.

Oportunidades

O provérbio espanhol sugere que se não pode derrotar o inimigo, junte-se a ele. Esta perspetiva coloca um desafio interessante à comunidade docente: transformar o ChatGPT num aliado para ajudar os alunos a adquirir as competências definidas nos currículos. Este é certamente um desafio, pois nenhuma geração anterior teve ferramentas tão poderosas na sua experiência académica.

Pontos fracos

A revolução desencadeada pelo ChatGPT desde o seu lançamento sugere que este modelo, com mais de 170 milhões de parâmetros e um treino contínuo com um corpus de dados crescente, parece não ter fraquezas significativas. No entanto, isto está longe de ser certo. A utilização generalizada por utilizadores de várias disciplinas revelou os actuais pontos fracos do modelo.

Ameaças

Devido ao grande sucesso que o ChatGPT tem tido desde o seu lançamento e à variedade de aplicações que lhe foram dadas, surgiram também algumas utilizações inadequadas que podem prejudicar o contexto em que esta ferramenta é utilizada.

Eis alguns empregos que podem ser desenvolvidos com a Inteligência Artificial

➢ Análise de risco financeiro: Utilize o ChatGPT para analisar dados financeiros e prever potenciais riscos para uma empresa. Pode treinar o modelo para reconhecer padrões associados a fraudes contabilísticas, riscos de liquidez ou questões de conformidade.

➢ Aconselhamento contabilístico automatizado: Desenvolva um sistema de aconselhamento contabilístico automatizado utilizando o ChatGPT. Este sistema pode fornecer respostas a perguntas comuns sobre impostos, contabilidade financeira ou relatórios de auditoria.

➢ Avaliação de decisões financeiras: Utilize o ChatGPT para simular diferentes cenários financeiros e avaliar o impacto das decisões empresariais, tais como investimentos, fusões e aquisições ou alterações nas políticas contabilísticas.

➢ Relatórios financeiros: treina o ChatGPT para gerar relatórios financeiros com base em dados contabilísticos. Isto pode incluir a geração de demonstrações financeiras, relatórios de análise financeira ou relatórios de auditoria.

➢ Análise de tendências financeiras: Utilize o ChatGPT para analisar tendências financeiras em dados históricos e prever possíveis cenários futuros. Isto pode incluir a identificação de tendências nos mercados financeiros, a análise de riscos macroeconómicos ou a previsão de fluxos de caixa.

➢ Avaliação de riscos ambientais e sociais: Forma o ChatGPT

para analisar relatórios de sustentabilidade e avaliar os riscos ambientais e sociais associados às actividades empresariais. Isto pode incluir a identificação de riscos relacionados com as alterações climáticas, a responsabilidade social das empresas ou a conformidade ambiental.

➢ Geração de políticas contabilísticas: Forma o ChatGPT para gerar políticas contabilísticas básicas com base em normas contabilísticas reconhecidas internacionalmente, como as Normas Internacionais de Relato Financeiro (IFRS) ou os Princípios Contabilísticos Geralmente Aceites (GAAP).

Entre os avanços da IA no sector público, Elizabet (2024) menciona

➢ Automatização de processos: Permitiu a automatização de tarefas de rotina no sector público, como o processamento de documentos, a gestão de dados e o serviço ao cliente. Isto melhorou a eficiência e libertou recursos para outras actividades mais complexas.

➢ Tomada de decisões com base em dados: Facilitou a tomada de decisões no sector público através da análise de grandes volumes de dados e da extração de padrões e tendências relevantes. Isto permitiu um planeamento mais preciso e uma afetação eficiente dos recursos.

➢ Melhoria dos serviços públicos: a IA melhorou a qualidade dos serviços públicos, fornecendo recomendações personalizadas, optimizando os transportes públicos, prevendo surtos de doenças e melhorando a segurança pública, entre outros. Agora, no que diz respeito a alguns desenvolvimentos da IA no sector privado:

➤ Experiência do cliente: As empresas utilizam a IA para melhorar a experiência do cliente através de chatbots, sistemas de recomendação e análise de sentimentos. Isto permite um serviço ao cliente mais rápido e mais personalizado, melhorando a satisfação e a lealdade do cliente.

➤ Automatização de processos empresariais: No sector privado, tem sido utilizada para automatizar tarefas repetitivas e melhorar a eficiência operacional. Isto levou a reduções de custos e a um aumento da produtividade em várias indústrias.

➤ Inovação e desenvolvimento de produtos: A IA impulsionou a inovação no sector privado, permitindo o desenvolvimento de produtos e serviços mais inteligentes; dos veículos autónomos aos assistentes virtuais, a IA transformou indústrias inteiras e gerou novas oportunidades de negócio.

A IA apresenta os seguintes desafios:
➤ Ética e responsabilidade: A inteligência artificial levanta questões éticas, como a privacidade, o enviesamento algorítmico e a responsabilidade por más decisões, pelo que é essencial estabelecer quadros éticos e jurídicos para orientar o desenvolvimento e a utilização da IA.

➢ Deslocação de postos de trabalho: Embora a IA possa melhorar a eficiência, também suscita preocupações quanto à deslocação de postos de trabalho, sendo necessário desenvolver estratégias para atenuar os impactos negativos nos trabalhadores e facilitar a transição para novas competências e profissões.

➢ Segurança e cibersegurança: a IA pode ser vulnerável a ataques maliciosos e à manipulação. São necessários esforços para garantir a segurança dos sistemas de IA e proteger os dados sensíveis, bem como mais pessoal especializado neste domínio.

➢ Vigilância excessiva: como a IA tem um papel na monitorização dos trabalhadores, a privacidade tende a ser violada e só deve existir para um determinado grau de gestão.

➢ Saúde: os sistemas de IA podem ajudar a cuidar e a melhorar a saúde no trabalho, identificando riscos e prevendo acidentes antes que estes ocorram, mas também acarretam riscos para a saúde decorrentes da implementação de novos sistemas de IA, sendo aconselhável manter actualizados os regulamentos e procedimentos existentes, uma vez que podem estar sujeitos a ciberataques.

➢ Responsabilidade: Ao implementar a tecnologia de IA, se ocorrerem erros na organização em resultado de decisões tomadas pelos sistemas de IA, determinar quem é o responsável será uma questão complicada, uma vez que a questão será se o responsável é o criador do sistema de IA, o empregador que o implementa ou outra pessoa envolvida.

"A inteligência artificial transformou os sectores público e privado, oferecendo oportunidades para melhorar a eficiência, a tomada de decisões no mundo do trabalho e a qualidade dos serviços; no entanto, também apresenta desafios significativos que precisam de ser devidamente abordados; é essencial estabelecer um quadro ético e jurídico sólido, investir na educação e na formação e promover a colaboração entre o sector público, o sector privado e o meio académico para maximizar os benefícios da IA e atenuar os seus riscos. A falta de competências digitais pode impedir o progresso de qualquer sociedade, ao passo que o incentivo ao investimento na formação, a eliminação do fosso entre homens e mulheres, ambientes de trabalho flexíveis e híbridos que fomentem a empatia e a preocupação com os trabalhadores podem contribuir para melhorar a qualidade do ambiente de trabalho, bem como o crescimento de cada pessoa que colabora em qualquer instituição, pública ou privada, mantendo-a actualizada e melhorando as suas aptidões e competências" (Elizabeth, 2024).

No regulamento europeu relativo à IA, baseia-se numa abordagem baseada no risco. São identificados quatro tipos de riscos (Judith Arnal, 2023):

• **Risco inaceitável.** Os modelos de IA que tenham sido

classificados como tal por afectarem a segurança, a vida ou os direitos das pessoas serão totalmente proibidos. Por exemplo, não serão permitidos modelos de pontuação social, identificação biométrica em locais públicos ou brinquedos com vozes que convidem a comportamentos perigosos.

• **De alto risco.** Devem ser classificados como modelos de risco elevado:
Modelos de IA em produtos abrangidos por regulamentos de segurança dos produtos (por exemplo, brinquedos, elevadores, automóveis, aeronaves e dispositivos médicos).

Modelos de IA em produtos numa das seguintes áreas: infra-estruturas críticas, educação e formação profissional, componentes seguros de produtos, serviços públicos e privados essenciais, aplicação da lei que possa interferir com os direitos fundamentais, migração, asilo e gestão do controlo das fronteiras, e administração da justiça e dos processos democráticos.

Nestes casos, os sistemas de IA serão sujeitos a requisitos rigorosos antes de poderem ser lançados no mercado: sistemas adequados de gestão e atenuação dos riscos, rastreabilidade dos resultados, informação clara e adequada ao utilizador, elevado nível de robustez e segurança, etc. Além disso, os sistemas continuarão a ser analisados ao longo do seu ciclo de vida.

Risco limitado: serão estabelecidas obrigações mínimas de transparência.

Risco mínimo.

A posição adotada pelo Parlamento Europeu em 14 de junho de 2023 introduz alterações à proposta da Comissão Europeia, nomeadamente, alarga o âmbito de aplicação do regulamento, incorpora novas definições e princípios estruturais para todos os sistemas de IA, estabelece um regulamento específico para os modelos fundamentais, introduz alterações relevantes aos sistemas proibidos e de alto risco, estabelece a obrigação de os sistemas de IA generativa divulgarem que os conteúdos foram gerados artificialmente, intensifica as medidas de apoio à inovação e altera determinados aspetos do regime sancionatório.

Tipos de inteligência artificial mais aplicados atualmente (Maria, 2024)

Sistemas especializados

Os sistemas periciais são uma das formas mais simples de inteligência artificial e, embora geralmente não tenhamos consciência disso, são tecnologias que estão sempre connosco e fazem parte da nossa vida quotidiana.

Estas tecnologias podem ser definidas como ferramentas criadas para resolver tarefas específicas da mesma forma que o raciocínio humano o faria. Como pode imaginar, são assim designadas porque foram concebidas para funções e tarefas específicas que exigem um bom nível de especialização no assunto, tal como seria exigido a um agente humano.

Funciona através da estruturação de regras que dizem à máquina qual a decisão a tomar num determinado cenário. Isto torna os sistemas complexos muito precisos, mas torna-os difíceis de resolver problemas imprevistos.

Exemplos de utilização de sistemas periciais nas empresas
Controlo de inventário. Estas ferramentas são ideais para o controlo do inventário, uma vez que apenas necessitam de seguir regras numéricas e controlar o stock para gerir a disponibilidade dos bens.

Avaliação das mercadorias. Algumas ferramentas são concebidas para detetar mercadorias danificadas ou falhas de produção através de regras simples.

Planeamento empresarial. Ao basearem-se em regras, os sistemas periciais podem prever os resultados de um processo de tomada de decisão, bem como os riscos de um investimento ou projeto.

Aplicação de sistemas periciais em diferentes domínios

Medicina: No domínio da medicina, os sistemas especializados são utilizados para diagnosticar doenças, conceber planos de tratamento personalizados e fornecer recomendações clínicas com base em dados médicos e sintomas dos doentes. Por exemplo, o IBM Watson Health desenvolveu sistemas especializados para ajudar os médicos a diagnosticar e tratar o cancro.

Serviços financeiros: No sector financeiro, os sistemas periciais são utilizados para análise de riscos, deteção de fraudes, gestão de carteiras e tomada de decisões de investimento. Grandes instituições financeiras, como a JP Morgan Chase e a Goldman Sachs, utilizam sistemas periciais para otimizar as suas operações e melhorar a precisão das suas previsões financeiras.

Tecnologia: Na indústria tecnológica, os sistemas periciais são aplicados em áreas como a assistência virtual, a otimização de sistemas informáticos e a deteção de vulnerabilidades de segurança. Empresas como a Google, a Microsoft e a Amazon utilizam sistemas periciais nos seus produtos e serviços para melhorar a experiência do utilizador e aumentar a eficiência operacional.

Fabrico: Na indústria transformadora, os sistemas periciais são utilizados para controlo de processos, manutenção preditiva e otimização da cadeia de fornecimento. Empresas como a Toyota e a Siemens utilizam sistemas periciais para melhorar a qualidade dos seus produtos e aumentar a eficiência das suas operações de fabrico.

Educação: No sector da educação, os sistemas periciais são utilizados para personalizar a aprendizagem, fornecer feedback instantâneo e ajudar os alunos a identificar áreas a melhorar. Plataformas educativas como a Khan Academy e a Coursera utilizam sistemas especializados para fornecer conteúdos educativos adaptados às necessidades individuais de cada aluno.

Redes neuronais artificiais

As redes neuronais artificiais são um tipo de algoritmo de inteligência computacional que ultrapassa algumas limitações dos sistemas periciais (como a sua incapacidade de resolver casos novos ou casos fora das suas regras de programação). O seu funcionamento baseia-se - tal como no cérebro humano - em pequenas unidades de informação que, em colaboração com outras, processam a informação.

A sua principal função é permitir que as máquinas extraiam novas informações a partir das informações que lhes são fornecidas, a fim de aprenderem com elas. Por esta razão, os processos que estas tecnologias levam a cabo são vulgarmente conhecidos como aprendizagem automática. Isto permite à máquina otimizar progressivamente as suas funções, obter melhores resultados e trabalhar de forma eficiente.

Estes algoritmos são muito populares e têm um grande impacto nas empresas, uma vez que permitem analisar informações automaticamente e obter algumas tendências, estatísticas ou previsões sobre um tema específico.

Exemplos de utilização de redes neuronais artificiais na atividade económica

Atendimento ao cliente. Enquanto alguns chatbots funcionam apenas através de regras definidas, existem algumas soluções de atendimento ao cliente que funcionam através de redes neuronais para fornecer respostas mais personalizadas e úteis aos pedidos dos clientes.

Automatização de processos. As redes neuronais artificiais permitem delegar tarefas simples em máquinas, automatizando processos de produção, tomadas de decisão ou avaliações de consumidores.

Criação de conteúdos. Provavelmente já viu que pode criar textos com IA. Os sistemas baseados em redes neurais artificiais também já provaram ser eficazes como ferramenta para reescrever textos, melhorar imagens e fotografias, entre muitas outras tarefas. Pode tirar partido destas tecnologias para tornar os seus conteúdos mais impactantes.

Aplicações modernas das redes neuronais

Atualmente, as redes neuronais são amplamente utilizadas em vários domínios, sendo aplicadas em diversos sectores. Eis alguns exemplos de aplicações modernas de redes neuronais e de marcas conhecidas que trabalham com elas:

Tecnologia: No sector da tecnologia, as redes neuronais são utilizadas para o reconhecimento de imagens, o processamento de linguagem natural, a tradução automática e a melhoria da experiência do utilizador. Empresas como a Google, o Facebook, a Amazon e a Microsoft utilizam redes neuronais nos seus produtos e serviços, como o Google Photos, o DeepFace do Facebook, o Amazon Alexa e o Microsoft Translator.

Cuidados de saúde: No domínio dos cuidados de saúde, as redes neuronais são utilizadas para diagnósticos médicos, análise de imagens médicas, descoberta de medicamentos e análise genómica. Grandes empresas farmacêuticas como a Pfizer e a Novartis, bem como hospitais de renome como o Mount Sinai Hospital em Nova Iorque, utilizam as redes neuronais na sua investigação e práticas médicas.

Sector automóvel: Na indústria automóvel, as redes neuronais são utilizadas em sistemas avançados de assistência ao condutor, reconhecimento de sinais de trânsito, condução autónoma e otimização da cadeia de abastecimento. Empresas como a Tesla, a Audi, a Toyota e a Ford estão a utilizar redes neuronais para desenvolver veículos autónomos e melhorar a segurança na estrada.

Finanças: No sector financeiro, as redes neuronais são utilizadas para análise de riscos, deteção de fraudes, gestão de carteiras e previsão de tendências de mercado. Grandes instituições financeiras, como a JP Morgan Chase, a Goldman Sachs e a Morgan Stanley, utilizam as redes neuronais nas suas operações diárias para melhorar a tomada de decisões e otimizar as suas estratégias de investimento.

Entretenimento: Na indústria do entretenimento, as redes neuronais são utilizadas para recomendações de conteúdos, personalização das experiências dos utilizadores e geração de conteúdos criativos. Plataformas como a Netflix, Spotify, YouTube e Twitch utilizam redes neuronais para fornecer recomendações personalizadas e melhorar a satisfação dos utilizadores.

Aprendizagem profunda

A aprendizagem profunda é um tipo de algoritmo de rede neural artificial que, como o nome sugere, é profundo. Mas o que é que isso significa?

A aprendizagem profunda refere-se a algoritmos com um elevado nível de complexidade que permitem a execução de tarefas mais complicadas com elevados requisitos computacionais. Estas tecnologias destacam-se por terem um código complicado e por serem alimentadas com bases de dados extensas. É por isso que a aprendizagem profunda anda geralmente de mãos dadas com a extração de dados, uma disciplina estatística que procura encontrar padrões em grandes volumes de informação.

Estas tecnologias são ideais para a realização de tarefas mais complicadas, mas sobretudo para actividades que ultrapassam as capacidades dos agentes humanos (ou para as quais não há pessoal ou tempo disponível).

Exemplos da utilização da aprendizagem profunda nas empresas Estimativa financeira. Para além da análise de números comerciais, os algoritmos de aprendizagem profunda ajudam a avaliar o desempenho financeiro não só de uma empresa, mas também a uma escala global. Isto ajuda a tomar melhores decisões comerciais e a compreender a volatilidade do mercado.

Marketing. Uma das tarefas mais importantes para uma empresa é avaliar e prever o comportamento dos consumidores, de modo a conceber a melhor estratégia de aquisição. Isto é algo que a aprendizagem profunda faz na perfeição, uma vez que pode avaliar o comportamento de grandes volumes de clientes.

Segurança. Uma vez que os sistemas de aprendizagem profunda se adaptam através do processamento de dados, são ideais para gerir as defesas informáticas de sítios Web e servidores. Também funcionam para a autenticação do pessoal e dos clientes.

Aplicações modernas da aprendizagem profunda
Eis alguns exemplos de aplicações modernas de aprendizagem profunda e de marcas conhecidas que trabalham com esta tecnologia:

Tecnologia: Na tecnologia, a Aprendizagem Profunda é utilizada para o reconhecimento da fala, reconhecimento facial, processamento de linguagem natural, tradução automática e geração de conteúdos criativos. Empresas como a Google, o Facebook, a Amazon, a Microsoft e a Apple utilizam a Aprendizagem Profunda nos seus produtos e serviços, como o Google Assistant, o DeepFace do Facebook, a Amazon Alexa, o Microsoft Translator e a Siri.

Cuidados de saúde: No domínio dos cuidados de saúde, a Aprendizagem Profunda é utilizada para diagnósticos médicos, análise de imagens médicas, descoberta de medicamentos e análise genómica. Grandes empresas farmacêuticas, como a Pfizer, a

Novartis e a Roche, bem como hospitais de renome, como o Mount Sinai Hospital, em Nova Iorque, utilizam a Aprendizagem Profunda nas suas pesquisas e práticas médicas.

Automóvel: Na indústria automóvel, a Aprendizagem Profunda é utilizada em sistemas avançados de assistência ao condutor, reconhecimento de sinais de trânsito, condução autónoma e otimização da cadeia de fornecimento. Empresas como a Tesla, Audi, Toyota e Ford estão a utilizar a Aprendizagem Profunda para desenvolver veículos autónomos e melhorar a segurança na estrada.

Finanças: No sector financeiro, a Aprendizagem Profunda é utilizada para análise de riscos, deteção de fraudes, gestão de carteiras e previsão de tendências de mercado. Grandes instituições financeiras, como a JP Morgan Chase, a Goldman Sachs e a Morgan Stanley, utilizam a Aprendizagem Profunda nas suas operações diárias para melhorar a tomada de decisões e otimizar as suas estratégias de investimento.

Entretenimento: Na indústria do entretenimento, a Aprendizagem Profunda é utilizada para recomendações de conteúdos, personalização de experiências do utilizador e geração de conteúdos criativos. Plataformas como a Netflix, Spotify, YouTube e Twitch utilizam a Aprendizagem Profunda para fornecer recomendações personalizadas e melhorar a satisfação do utilizador.

Robótica

A robótica é um ramo computacional independente da inteligência artificial, que tem sido significativamente alimentado por estes recursos digitais. Este facto levou a que um grande número de soluções de robótica fosse conduzido por redes neuronais artificiais.

Atualmente, existem robôs capazes de andar, realizar tarefas complexas e até jogar xadrez graças a sistemas de visão por computador, algoritmos de aprendizagem e códigos que lhes permitem tomar decisões. A inteligência artificial está por detrás de tudo isto.

Existem alguns casos de utilização comercial para estas tecnologias, especialmente no domínio da produção e do serviço ao cliente.

Exemplos de utilização da robótica nas empresas
Logística. Os robots desempenham um papel importante na gestão dos armazéns e dos centros de distribuição. É o caso da Amazon, que emprega robots nas suas instalações para gerir a expedição de mercadorias.

Produção. Os robôs têm um longo caminho a percorrer na produção, mas atualmente prometem ainda mais benefícios, porque podem identificar bens danificados, corrigir erros e executar tarefas que são impossíveis de realizar por um trabalhador humano.

Serviço ao cliente. Nalguns países, especialmente na Ásia, a utilização de robôs para o serviço ao cliente tornou-se muito comum. É o caso dos robots que trabalham em restaurantes a receber e a entregar encomendas.

Aplicações da robótica moderna

Eis alguns exemplos de aplicações da robótica moderna e de marcas conhecidas que trabalham com esta tecnologia:

Automação industrial: Na indústria transformadora, a robótica é utilizada para executar tarefas repetitivas e perigosas em ambientes de produção. Empresas como a Fanuc, ABB, KUKA e Universal Robots são os principais fabricantes de robôs industriais para aplicações de montagem, soldadura, pintura e manuseamento de materiais.

Cuidados médicos: Nos cuidados de saúde, a robótica é utilizada para cirurgia minimamente invasiva, reabilitação física e assistência a pessoas com deficiência. Empresas como a Intuitive Surgical, a Medtronic e a Ekso Bionics desenvolvem robôs cirúrgicos e dispositivos de assistência médica para melhorar a precisão e a eficiência do tratamento dos doentes.

Exploração espacial: Na exploração espacial, a robótica é utilizada para investigação e recolha de dados em ambientes extremos fora da Terra. Agências espaciais como a NASA e a ESA (Agência Espacial Europeia) utilizam robôs como os rovers em Marte e braços robóticos na Estação Espacial Internacional para efetuar tarefas de exploração e manutenção.

Logística e armazenamento: No sector da logística e do armazenamento, a robótica é utilizada para automatizar os processos de armazenamento, recolha e embalagem. Empresas como a

Amazon, a Ocado e a Boston Dynamics utilizam robôs autónomos e sistemas automatizados para simplificar as operações e aumentar a eficiência da cadeia de abastecimento.

Serviços domésticos: Nos lares, a robótica é utilizada para realizar tarefas domésticas, como limpeza, cuidados com animais de estimação e segurança doméstica. Empresas como a Robot (fabricante do Roomba), a Dyson e a Ecovacs Robotics desenvolvem robôs domésticos para ajudar as pessoas nas suas actividades diárias.

Agentes inteligentes
Por fim, vou falar-lhe de um último tipo de tecnologia de inteligência artificial, os agentes inteligentes.

Tal como o seu nome indica, estes sistemas têm a capacidade de tomar decisões e de agir de acordo com elas através de um raciocínio semelhante ao humano. Isto significa que os **agentes inteligentes** devem possuir uma boa dose de autonomia e liberdade para aprender e executar decisões.

Estas tecnologias estão atualmente em desenvolvimento e prometem facilitar a gestão das tarefas comerciais. No entanto, a sua utilização atual é reservada, uma vez que envolvem considerações éticas importantes.

Exemplos de utilização de sistemas periciais nas empresas
Assistentes pessoais. Trata-se de ferramentas que podem gerir

autonomamente a agenda de uma pessoa, recomendar locais a visitar ou mesmo tomar decisões relativas à sua saúde.

Logística. Através de regras simples, exploração de dados e aprendizagem, existem tecnologias que podem encontrar a melhor rota de distribuição e até gerir as entregas de forma autónoma.

Aplicações modernas de agentes inteligentes

Os agentes inteligentes são sistemas de inteligência artificial que podem perceber o seu ambiente e tomar decisões autónomas para atingir objectivos específicos. Eis alguns exemplos de aplicações modernas de agentes inteligentes e de marcas conhecidas que trabalham com esta tecnologia:

Assistentes virtuais: os assistentes virtuais, como o Siri da Apple, o Google Assistant, o Amazon Alexa e o Microsoft Cortana, utilizam agentes inteligentes para compreender e responder aos pedidos dos utilizadores. Estes agentes inteligentes utilizam técnicas de processamento de linguagem natural e de aprendizagem automática para dar respostas precisas e úteis às perguntas dos utilizadores.

Sistemas de recomendação: Plataformas como a Netflix, Spotify, Amazon e YouTube utilizam agentes inteligentes para recomendar conteúdos personalizados aos utilizadores. Estes agentes inteligentes analisam o histórico de navegação e as preferências dos utilizadores para fornecer recomendações relevantes de filmes, música, produtos e vídeos.

Chatbots: As empresas utilizam chatbots baseados em agentes inteligentes para prestar apoio automatizado ao cliente através de sítios Web, aplicações de mensagens e redes sociais. Empresas como a Zendesk, a LivePerson e a Intercom utilizam agentes inteligentes para responder a perguntas frequentes, resolver problemas dos clientes e encaminhar as questões para os departamentos adequados.

Sistemas de monitorização e controlo: Em ambientes industriais, os agentes inteligentes são utilizados para monitorizar e controlar sistemas complexos, como centrais eléctricas, redes de energia e processos de fabrico. Estes agentes inteligentes podem detetar anomalias, prever falhas e tomar medidas correctivas para garantir o funcionamento seguro e eficiente dos sistemas.

Navegação autónoma: Na robótica e nos veículos autónomos, os agentes inteligentes são utilizados para a navegação autónoma em ambientes dinâmicos e desconhecidos. Empresas como a Tesla, a Waymo e a Uber utilizam agentes inteligentes para interpretar dados de sensores, planear rotas e evitar obstáculos enquanto conduzem autonomamente em estradas e em ambientes urbanos.

Vantagens e desafios dos tipos de inteligência artificial

Sistemas Periciais
Eficiência e disponibilidade

Flexibilidade limitada e dependência de conhecimentos humanos

Redes Neuronais Artificiais

Aprendizagem automática e tratamento de dados não lineares

Requerem grandes quantidades de dados e são uma "caixa negra".

Aprendizagem profunda

Gestão de dados complexos e melhoria contínua

Necessita de grandes quantidades de dados e de poder de computação e é uma "caixa negra".

Robótica

Automatização de tarefas físicas e trabalho em ambientes hostis Custo e flexibilidade limitados

Agentes inteligentes Automatização e personalização de tarefas digitais Privacidade e interacções complexas

Domínios de aplicação dos tipos de inteligência artificial:

Sistemas Periciais

Os sistemas periciais são programas informáticos concebidos para emular o raciocínio e a tomada de decisões de um perito humano num domínio específico. Estes sistemas utilizam bases de conhecimentos e regras lógicas para resolver problemas complexos. Algumas aplicações importantes são:

Medicina: Ajudam no diagnóstico de doenças e na escolha do tratamento.

Engenharia: Ajudam na conceção e otimização de sistemas.

Finanças: fornecem recomendações de investimento e gestão de riscos.

Redes Neuronais Artificiais

As redes neuronais são modelos computacionais inspirados no funcionamento do cérebro humano. São compostos por camadas de nós interligados (neurónios artificiais). As aplicações incluem:

Visão por computador: deteção de objectos, reconhecimento facial e segmentação de imagens.

Processamento de linguagem natural (PNL): tradução automática, chatbots e análise de sentimentos.

Previsão e classificação: Previsão meteorológica, recomendações de produtos e análise de dados.

Aprendizagem profunda

A aprendizagem profunda é uma subcategoria das redes neuronais que utiliza várias camadas ocultas para aprender representações complexas de dados. As aplicações incluem:

Automação industrial: Controlo de processos, manutenção preditiva e qualidade da produção. Bioinformática: Análise de sequências genéticas e previsão da estrutura de proteínas. Condução autónoma: Processamento de imagens e tomada de decisões em veículos autónomos.

Robótica

A inteligência artificial na robótica centra-se na criação de máquinas autónomas capazes de interagir com o seu ambiente. Algumas aplicações notáveis são:

Robôs industriais: automatização de linhas de montagem e de tarefas repetitivas.

Robôs de serviço: assistência hospitalar, limpeza e serviço ao cliente.

Robôs exploradores: Exploração espacial, subaquática e de ambientes perigosos.

Agentes Inteligentes

Os agentes inteligentes são programas que actuam de forma autónoma num ambiente para atingir objectivos específicos. As suas aplicações são diversas:

Agentes de pesquisa: otimização de rotas, definição de horários e resolução de problemas. Agentes de jogos: Xadrez, Go e jogos de vídeo. Agentes de comércio eletrónico: recomendações e personalização de produtos.

Descrição do método

A presente investigação foi realizada através do método quantitativo e transversal, onde o universo de estudo foram os alunos da licenciatura em contabilidade do departamento de contabilidade da Universidade de Sonora com o objetivo de conhecer a perceção e atitude dos universitários face à utilização da inteligência artificial na realização dos seus trabalhos académicos, Para a coleta de dados foi utilizado um instrumento (questionário) que foi desenvolvido com os formulários de aplicação e foram enviados a diferentes grupos para resposta, dos quais recebemos 124 pesquisas que foram respondidas e que são consideradas a amostra para esta pesquisa, dos dados obtidos foi feita uma análise descritiva. Foi feita uma análise descritiva dos dados obtidos, onde tivemos um alfa de Cronbach de .772, com o qual podemos afirmar que temos uma fiabilidade de 77,2% nos dados para podermos inferir.

Resultados e discussão

Da população em estudo 64,5% são do sexo feminino e 35,5% do sexo masculino, sendo que as suas idades são 18 anos 25,0%, 19 anos 20,2%, 20 anos 7,3%, 21 anos 9,7%, 22 anos 16,1%, 23 anos 5,6%, 24 anos 2,4%, 25 anos 1,6%, 26 anos ou mais 12,1%, dos quais estão a estudar o primeiro semestre .8%, o segundo semestre 49,2%, o quarto semestre 5,6%, o quinto semestre 1,6%, e o quinto semestre 1,6%.4%, 25 anos 1,6%, 26 anos ou mais 12,1%, dos quais estão cursando o primeiro semestre .8%, o segundo semestre 49,2%, o quarto semestre 5,6%, o quinto semestre 1,6%, o sexto semestre 8,1%, o sétimo semestre 3,2% e o oitavo semestre 31,5%.

Q1 - Considera que a utilização da inteligência artificial para a realização de trabalhos universitários pode melhorar a qualidade dos seus projectos?

Fonte: Elaboração própria do autor.

Há uma tendência significativa nas opiniões, em que uma parte concorda com a ideia de que a utilização da inteligência artificial pode melhorar a qualidade dos projectos universitários (61,3%), há também uma percentagem pouco significativa que discorda ou mesmo discorda desta afirmação (8,1%), no entanto, há uma proporção considerável de pessoas que se situam no meio da escala de Likert, 30,60% indicam que não concordam nem discordam da afirmação. A aceitação da ideia de utilizar a inteligência artificial para melhorar a qualidade dos projectos universitários é elevada em comparação com a oposição total. No entanto, o grupo dos indecisos ou neutros é também considerável. A pergunta revela uma diversidade de opiniões sobre a utilização da inteligência artificial para melhorar a qualidade dos projectos universitários, com uma inclinação ligeiramente positiva para esta ideia, mas com uma parte significativa da população ainda pouco convencida ou hesitante.

Q2 - Acha que a inteligência artificial pode ajudá-lo a poupar tempo na pesquisa e na recolha de informações para o seu trabalho académico?

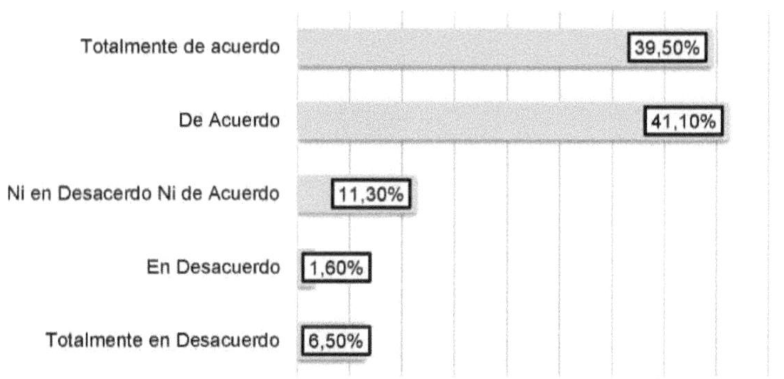

Fonte: Elaboração própria do autor.

Verifica-se que uma clara maioria concorda ou concorda fortemente com a ideia de que a inteligência artificial pode ajudar a poupar tempo na investigação e na recolha de informações para o trabalho académico (80,60%), embora a maioria seja a favor da afirmação, há uma minoria que mostra alguma oposição ou dúvida sobre a mesma (8,10), e um segmento não insignificante da população inquirida (11,30%) não mostra uma posição definitiva. A pergunta revela uma tendência maioritariamente positiva em relação à ideia de que a inteligência artificial pode ser benéfica para poupar tempo na investigação e na recolha de informações para trabalhos académicos.

Fonte: Elaboração própria do autor.

Há uma proporção significativa de pessoas que demonstram algum grau de confiança nos sistemas de inteligência artificial para produzir conteúdos académicos de qualidade. No entanto, esta confiança não é esmagadora, com apenas 41,10% e cerca de 40,30% dos inquiridos a situarem-se no ponto médio da escala de Likert, o que sugere uma hesitação ou falta de certeza quanto à capacidade de os sistemas de inteligência artificial produzirem conteúdos académicos de qualidade, mas há uma considerável falta de confiança na capacidade de os sistemas de inteligência artificial produzirem conteúdos académicos de qualidade (18,50). A pergunta revela uma tendência geral para a desconfiança ou hesitação em relação à capacidade dos sistemas de inteligência artificial para produzir conteúdos académicos de qualidade. Embora haja uma parte da população que revela alguma confiança, esta não é dominante e há uma proporção significativa que discorda ou está indecisa.

Q4 - Sente-se à vontade para utilizar ferramentas de inteligência artificial para gerar partes do seu trabalho universitário, como resumos ou análises de dados?

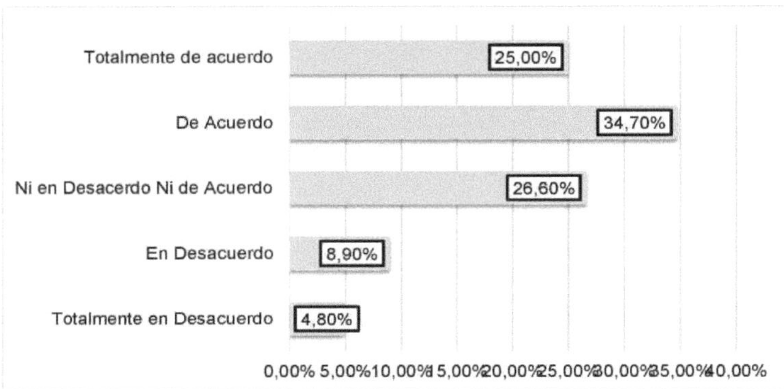

Fonte: Elaboração própria do autor.

Existe uma tendência geral para a vontade de utilizar ferramentas de inteligência artificial para gerar partes de trabalhos universitários. Isto é evidenciado pelo facto de 59,70% dos inquiridos serem favoráveis à pergunta, embora a maioria mostre uma disposição positiva em relação à utilização de ferramentas de inteligência artificial para gerar partes de trabalhos universitários, há ainda uma proporção não negligenciável de pessoas que expressam algum desconforto ou desacordo com esta prática, 13,70%, um segmento considerável da população inquirida (26,60%) não mostra uma posição clara. A pergunta revela uma tendência maioritária para a vontade de utilizar ferramentas de inteligência artificial para gerar partes de trabalhos universitários, embora haja também uma percentagem significativa que revela algum desconforto ou hesitação a este respeito.

P5 - Considera ético utilizar a inteligência artificial para criar trabalhos académicos, desde que a fonte seja devidamente citada?

Fonte: Elaboração própria do autor.

Existe uma tendência geral para a aceitação ética da utilização da inteligência artificial para a criação de trabalhos académicos, desde que a fonte seja devidamente citada (54,10%), embora a maioria revele aceitação ética, existe ainda uma percentagem significativa de pessoas que não concorda com esta prática, mesmo quando a fonte é devidamente citada (17,80%), Um segmento considerável da população inquirida (28,20%) não apresenta uma posição clara. A questão revela uma tendência maioritária para a aceitação ética da utilização da inteligência artificial na criação de trabalhos académicos, desde que a fonte seja devidamente citada. No entanto, existe ainda uma percentagem significativa que discorda desta

prática, mesmo em condições de citação correcta, e um outro grupo
que não manifesta uma posição clara sobre esta questão.

**Figura 6. QIA6.- Preocupa-o o facto de a utilização da
inteligência artificial na criação de trabalhos
universitários poder conduzir a uma falta de
originalidade ou a um plágio não intencional?**

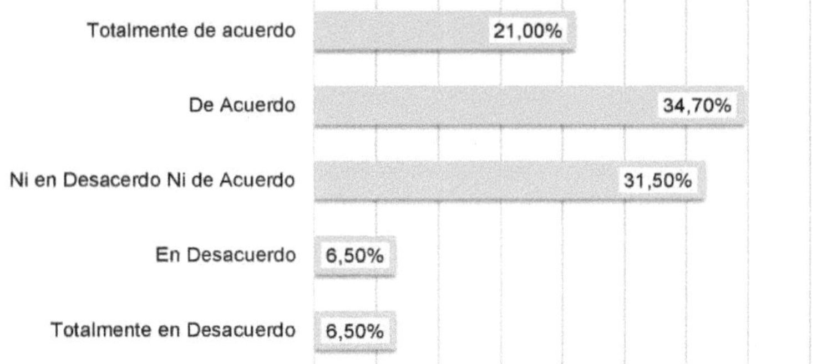

Fonte: Elaboração própria do autor.

Existe uma preocupação considerável com a possibilidade de a
utilização da inteligência artificial na criação de trabalhos
universitários poder conduzir a uma falta de originalidade ou plágio
não intencionais (55,70%), embora a maioria mostre preocupação,
existe também uma percentagem significativa de pessoas que não
estão preocupadas com esta possibilidade (13,00%), um segmento
considerável da população inquirida (31,50%) não mostra uma
posição clara. A pergunta revela uma tendência maioritária para a
preocupação de que a utilização da inteligência artificial na criação
de trabalhos universitários possa conduzir a uma falta de
originalidade não intencional ou ao plágio. Embora exista uma
percentagem significativa que revela alguma despreocupação a este

respeito, outro grupo considerável não revela uma posição clara sobre esta questão.

Figura 7. QIA7.- Considera que os professores devem estabelecer políticas claras sobre a utilização da inteligência artificial no trabalho académico?

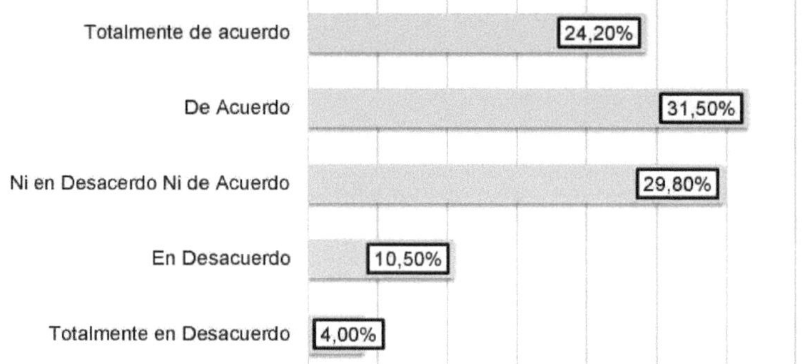

Fonte: Elaboração própria do autor.

Há uma tendência geral para a ideia de que os professores devem estabelecer políticas claras sobre a utilização da inteligência artificial na realização de trabalhos académicos (55,70), embora a maioria mostre concordar com a necessidade de estabelecer políticas claras, há também uma percentagem significativa de pessoas que não concordam totalmente com esta ideia (14,50), um segmento considerável da população inquirida (29,80%) não mostra uma posição clara. A questão revela uma tendência maioritária para a ideia de que os professores devem estabelecer políticas claras sobre a utilização da inteligência artificial na realização de trabalhos académicos, embora haja também uma percentagem significativa que não concorda totalmente com esta ideia ou não mostra uma posição clara sobre a mesma.

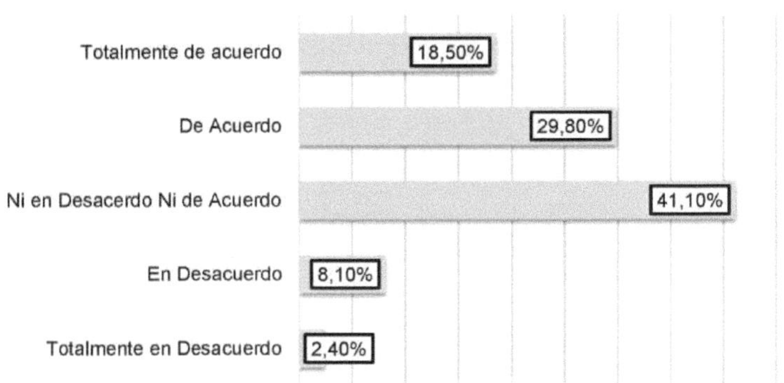

Fonte: Elaboração própria do autor.

Existe alguma ambiguidade ou falta de consenso quanto à questão de saber se a utilização da inteligência artificial na criação de empregos universitários pode nivelar as condições de concorrência entre estudantes com diferentes competências e recursos (70,90%), embora a maioria não mostre uma opinião clara, há uma percentagem significativa de pessoas que concordam com a afirmação (48,30%), uma minoria mostra alguma oposição à ideia de que a utilização da inteligência artificial pode nivelar as condições de concorrência entre estudantes com diferentes competências e recursos (10,50). A pergunta revela uma falta de consenso claro quanto ao facto de a utilização da inteligência artificial poder nivelar as condições de concorrência entre estudantes universitários com diferentes competências e recursos. No entanto, embora haja uma percentagem significativa que não manifesta uma posição clara, há também uma percentagem considerável que concorda com a ideia, embora não de forma esmagadora, e uma minoria que se opõe a ela.

Figura 9. QIA9- Gostaria de receber formação adicional sobre como utilizar a inteligência artificial de forma ética e eficaz no seu trabalho académico?

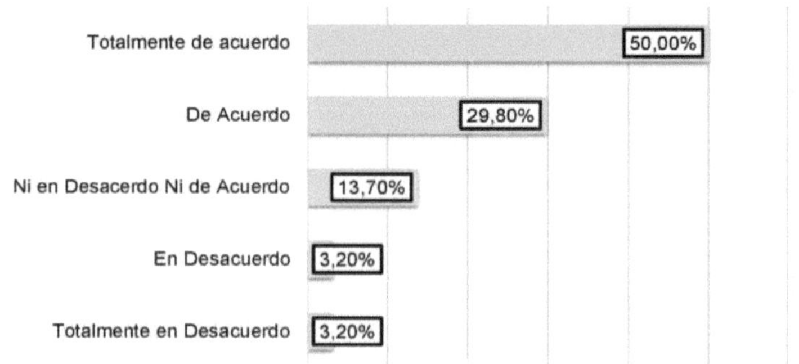

Fonte: Elaboração própria do autor.

Existe um forte interesse por parte dos inquiridos em receber formação adicional sobre como utilizar a inteligência artificial de forma ética e eficaz no seu trabalho académico (79,80), apenas uma pequena minoria mostra discordância ou falta de interesse em receber formação adicional sobre este tópico (6,40), um segmento moderado da população inquirida (13,70%) não mostra uma posição clara. A pergunta revela um forte desejo por parte dos inquiridos de receber formação adicional sobre como utilizar a inteligência artificial de forma ética e eficaz no seu trabalho académico. Embora exista uma minoria que revela discordância ou desinteresse, a maioria revela um elevado grau de interesse por este tipo de formação.

Figura 10. QIA10.- Considera que a utilização da inteligência artificial no trabalho universitário deve ser objeto de regulamentação específica por parte da instituição de ensino?

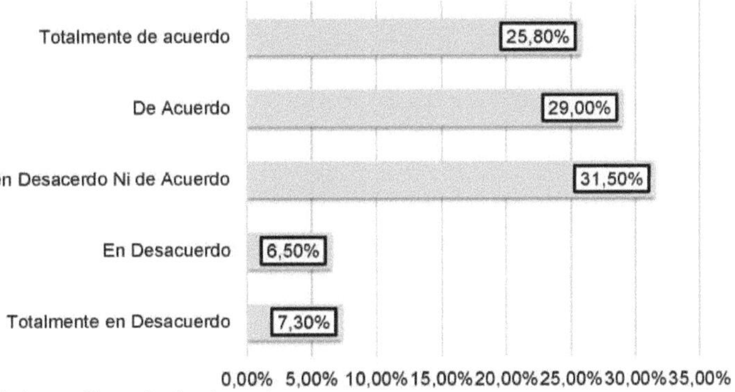

Fonte: Elaboração própria do autor.

Não existe um consenso claro sobre se a utilização da inteligência artificial na realização de trabalhos universitários deve ser objeto de regulamentação específica por parte da instituição de ensino (57,80%), embora a maioria não revele uma opinião clara, existe uma percentagem significativa de pessoas que concordam com a afirmação (54,80), uma minoria mostra alguma oposição à ideia de que a utilização da inteligência artificial na realização de trabalhos universitários deve ser objeto de regulamentação específica (13,80%). A questão revela uma falta de consenso claro sobre se a utilização da inteligência artificial na realização do trabalho universitário deve ser objeto de regulamentação específica por parte da instituição de ensino. Embora haja uma percentagem significativa que não manifesta uma posição clara, há também uma parte considerável que concorda com a ideia, embora não de forma esmagadora, e uma minoria que se opõe a ela.

Conclusões

Existe uma inclinação positiva, embora não dominante, para a ideia de que a IA pode melhorar a qualidade dos projectos académicos, mas subsistem preocupações e dúvidas significativas quanto à capacidade da IA para produzir conteúdos académicos de qualidade. A aceitação ética da utilização da IA para criar trabalhos académicos parece estar condicionada à citação adequada da fonte, embora a maioria pareça concordar com esta prática ética, no entanto, existe a preocupação de que a utilização da IA possa levar a plágio não intencional ou à falta de originalidade nos trabalhos académicos, o que nos leva a estabelecer políticas claras sobre a utilização da IA em trabalhos académicos, embora não seja unânime, e ainda não existe um consenso claro sobre se a IA pode melhorar a qualidade dos trabalhos académicos, não existe um consenso claro sobre se a utilização da IA pode nivelar as condições de concorrência entre estudantes com diferentes capacidades e existe um forte desejo entre os inquiridos de receberem formação adicional sobre como utilizar a IA de forma ética e eficaz no seu trabalho académico, a presente investigação fornece uma panorâmica das diversas opiniões e atitudes em relação à utilização da inteligência artificial (IA) para melhorar a qualidade dos projectos universitários.

A IA está a penetrar na nossa sociedade como as TIC no seu tempo, o processo de maturidade na sua utilização já está em curso, esperemos que no futuro seja utilizada corretamente e que os benefícios não sejam em detrimento da nossa sociedade.

Bibliografia:

Adams, C., Pente, P., Lemermeyer, G., & Rockwell, G. (2023). Princípios éticos para a inteligência artificial no ensino básico e secundário. Computadores e Educação: Inteligência Artificial, 4.

Abou-Foul, M., Ruiz-Alba, J. L., & Lopez-Tenorio, P. J. (2023). The impact of artificial intelligence capabilities on servitization: The moderating role of absorptive capacity-A dynamic capabilities perspective. Journal of Business Research, 157.

Chiu, T. K. F., Xia, Q., Zhou, X., Chai, C. S., & Cheng, M. (2023). Revisão sistemática da literatura sobre oportunidades, desafios e recomendações de investigação futura da inteligência artificial na educação. Computadores e Educação: Inteligência Artificial, 4.

Elizabeth, R. R. (13 de maio de 2024). www.cielolaboral.com. www.cielolaboral.com: https://www.cielolaboral.com/wp-content/uploads/2023/06/ruiz_noticias_cielo_n6_2023.pdf

González, M. A. (2023). Uso responsável da inteligência artificial em estudantes universitários: Uma visão recnoética. *REVISTA BOLETÍN REDIP,* 172-178.

Gendron, Y., Andrew, J., & Cooper, C. (2022). Os perigos da inteligência artificial na publicação académica. Perspectivas críticas da contabilidade, 87.

Judith Arnal, R. J. (2023). Inteligência artificial (i): o menor "efeito Bruxelas". Instituto Real Elcano.

Maldonado, F. J. (2023). O impacto da inteligência artificial no trabalho académico e de investigação. *Revista Metropolitana de Ciências Aplicadas, vol. 6*(S1), 289-296.

Maria, C. (5 de maio de 2024). HubSpot. HubSpot:
https://blog.hubspot.es/marketing/tipos-inteligencia-
artificial#cinco

VERA, F. (2023). Integração da Inteligência Artificial no Ensino
Superior: Desafios e oportunidades. Revista Eletrónica
Transformar, Vil-4(No. 1), 17-34.

Zhang, M., & Li, J. (2021). Um comentário do GPT-3 na MIT
Technology Review 2021. Fundamental Research, 1(6), 831-
833.

Printed by Books on Demand GmbH, Norderstedt / Germany